READING POWER
En Español

Estructuras extraordinarias

Maracaná
El estadio de fútbol más grande del mundo

Mark Thomas

The Rosen Publishing Group's
Editorial Buenas Letras™
New York

Published in 2003 by The Rosen Publishing Group, Inc.
29 East 21st Street, New York, NY 10010

First Edition in Spanish 2003
First Edition in English 2002

Book Design: Sam Jordan

Photo Credits: Cover, pp. 4–6 © Yann Arthus-Bertrand/Corbis; pp. 8, 10–11, 20 © J.L. Bulkao/Gamma; p. 9 © Archive Photo; p.12 © Corbis; pp. 13, 18–19 © The Image Works; pp. 15, 21 © AP/Wide World Photos; pp. 16–17 © Roberto Gomez/Gamma; p. 19 (inset) © Dennis O'Regan/Corbis.

Thomas, Mark.
    Maracaná: El estadio de fútbol más grande del mundo / por Mark Thomas ; traducción al español: Spanish Educational Publishing
    p. cm. — (Estructuras extraordinarias)
    Includes bibliographical references and index.
    ISBN 0-8239-6863-4 (library binding)
    1. Estâadio do Maracanäa (Rio de Janeiro, Brazil)—Juvenile literature. [1. Maracanäa Stadium (Rio de Janeiro, Brazil) 2. Stadiums—Brazil. 3. Spanish Language Materials.] I. Title.

TH4714 .T49 2001
725'.827'098153—dc21

                   2001000598

Manufactured in the United States of America

Contenido

El estadio más grande del mundo

El estadio Maracaná se construyó en 1950 como el estadio más grande del mundo.
Tiene capacidad para 200,000 personas.

Construcción

El estadio tiene forma
de cuenco ovalado.

Tiene dos niveles para
los espectadores.

Segundo (nivel)

Primer (nivel)

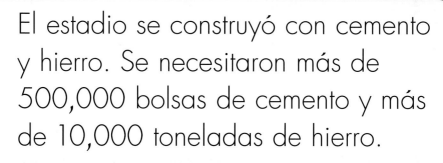

El estadio se construyó con cemento y hierro. Se necesitaron más de 500,000 bolsas de cemento y más de 10,000 toneladas de hierro.

11

Partidos y diversión

El fútbol es muy importante en Brasil.
A los brasileños les encanta ver a sus
jugadores favoritos. Los jugadores
más importantes son sus héroes.

Pelé

Un partido de fútbol en el Maracaná es como una fiesta. A los aficionados les gusta animar a sus equipos favoritos.

Récord de espectadores

A cada partido en el Maracaná van muchos aficionados. En 1950 fueron 199,854 personas a un partido. Éste es el récord mundial de espectadores de un partido de fútbol.

En el Maracaná también se hacen conciertos. El 20 de abril de 1990 fueron 184,000 personas a ver a Paul McCartney. Éste es el récord de espectadores que ha asistido a un concierto en un estadio.

Paul McCartney

Los mejores jugadores y artistas visitan el estadio Maracaná. También van muchos turistas.

Los brasileños están muy orgullosos de su estadio.

Glosario

artistas (los) personas que ofrecen un espectáculo

Brasil (el) país de América del Sur

brasileños (los) personas de Brasil

cemento (el) mezcla de agua con un polvo gris para hacer concreto

estadio Maracaná (el) estadio de fútbol más grande del mundo donde se hacen partidos y conciertos

ovalado (a) que tiene forma de huevo

récord (el) la mayor cantidad o puntaje alcanzado

Río de Janeiro segunda ciudad en tamaño de Brasil

turistas (los) viajeros que visitan lugares

Recursos

Libros

Building Big
David Macaulay
Houghton Mifflin Company (2000)

America's Top 10 Construction Wonders
Tanya Lee Stone
Blackbirch Press (1998)

Sitios web

Debido a las constantes modificaciones en los sitios de Internet, PowerKids Press ha desarrollado una guía on-line de sitios relacionados al tema de este libro. Nuestro sitio web se actualiza constantemente. Por favor utiliza la siguiente dirección para consultar la lista:

http://www.buenasletraslinks.com/est/maracanasp/

Índice

Número de palabras: 227

Nota para bibliotecarios, maestros y padres de familia

Si leer es un reto, ¡Reading Power en español es la solución! Reading Power es ideal para lectores hispanoparlantes que buscan un nivel de lectura accesible en su propio idioma. Ilustrados con fotografías, estos libros presentan la información de manera atractiva y utilizan un vocabulario sencillo que tiene en cuenta las diferencias lingüísticas entre los lectores hispanos. Relacionando claramente texto con imágenes, los libros de Reading Power dan al lector todo el control. Ahora los lectores cuentan con el poder para obtener la información y la experiencia que necesitan en un ameno formato completamente ¡en español!

Note to Librarians, Teachers, and Parents

If reading is a challenge, Reading Power is a solution! Reading Power is perfect for readers who want high-interest subject matter at an accessible reading level. These fact-filled, photo-illustrated books are designed for readers who want straightforward vocabulary, engaging topics, and a manageable reading experience. With clear picture/text correspondence, leveled Reading Power books put the reader in charge. Now readers have the power to get the information they want and the skills they need in a user-friendly format.